Die 555 wichtigsten Alexa Sprachbefehle

Die zentralen Anweisungen für den Sprachassistenten – Intelligenz aus der Cloud

1.026 erweiterte Ausgabe

Von Wilfred Lindo

Impressum

Die 555 wichtigsten Alexa Sprachbefehle

Die zentralen Anweisungen für den Sprachassistenten – Intelligenz aus der Cloud

von Wilfred Lindo

Der vorliegende Titel wurde mit großer Sorgfalt erstellt. Dennoch können Fehler nicht vollkommen ausgeschlossen werden. Der Autor und das Team von **www.streamingz.de** übernehmen daher keine juristische Verantwortung und keinerlei Haftung für Schäden, die aus der Benutzung dieses E-Books oder Teilen davon entstehen. Insbesondere sind der Autor und das Team von **www.streamingz.de** nicht verpflichtet, Folge- oder mittelbare Schäden zu ersetzen.

Alle Warennamen werden ohne Gewährleistung der freien Verwendbarkeit benutzt und sind möglicherweise eingetragene Warenzeichen. Der Verlag richtet sich im Wesentlichen nach den Schreibweisen der Hersteller.

Cover-Foto: © folienfeuer- Fotolia.com / Amazon

E-Book-Produktion und -Distribution

Redaktionsbüro Lindo

NEU: Die Seite zu smarten Lösungen:
www.smartwatchz.de

Scan mich! Weitere Ratgeber, die ebenfalls für Sie interessant sind!

ISBN: **9781973548010**

Imprint: Independently published

Updates für dieses Buch

Sicherlich werden in den nächsten Tagen und Wochen noch **weitere Sprachkommandos** unter Alexa erscheinen. Wir halten Sie natürlich auf dem Laufenden, so dass wir die Inhalte in regelmäßigen Abständen aktualisieren.

Auch wenn Amazon für diese Fälle eine spezielle automatische Aktualisierung bietet, kann es teilweise bis zu sechs Wochen dauern, bis ein einzelner Titel automatisch aktualisiert wird und somit die Leser die neuen Inhalte auch erhalten.

Dies beansprucht immer viel Zeit. Alternativ können Sie, sofern Ihnen bekannt ist, dass es ein Update zu diesem eBook gibt, den Support von Amazon per Mail anschreiben. Ihnen wird dann das Update dieses Buches manuell eingespielt. Dies geschieht meist innerhalb von24 Stunden.

eBook Update: Die 555 wichtigsten Alexa Sprachbefehle

Daher tragen Sie sich einfach auf folgender Webseite (**ebookstars.de/ebook-update-amazon-echo-ratgeber**) ein, die wir für unsere Kunden und Leser eingerichtet haben.

Wir verständigen Sie per E-Mail zeitnah, wenn eine aktuelle Überarbeitung der Inhalte vorliegt. So müssen Sie nicht wochenlang auf ein automatisches Update von Amazon warten. Oder scannen Sie den notwendigen Link per QR-Code direkt ein.

Inhaltsverzeichnis

Idee dieses Buches

Sprachassistenten sind in aller Munde. Jeder große Hightech-Konzern geht mit seinem System an den Start. Aktuell scheint Amazon mit seinem sprachgestützten System **Alexa** am Markt deutlich die Nase vorn zu haben. Seit knapp einem Jahr ist Alexa nun auch auf dem deutschsprachigen Markt vertreten und hat in den letzten Monaten erstaunliche Fortschritte gemacht. Dabei hat Amazon es geschafft, dass sich Alexa in vielen Haushalten als nützlicher Assistent etabliert hat. Dies ist natürlich auch darin begründet, dass Alexa aktuell über diverse Geräte abrufbar ist.

Dabei ist es äußerst erstaunlich, mit wieviel Wissen und Tiefgründigkeit der intelligente **Sprachassistent** daherkommt. Es ist es wirklich bemerkenswert, wie die Macher dem virtuellen Sprachassistenten so viel Menschliches einhauchen konnten. Oft sind die Antworten und die Qualität des Gesprochenen wirklich beeindruckend. Zudem konnten die Entwickler viele Lücken schließen, die anfänglich noch bei Alexa existierten. Dabei steigen die mit Alexa verbundenen Funktionen stetig an. Auch beim Wortschatz legt der Assistent stetig zu.

Was zunächst nur aus purer Neugier begann, endete nun in dieser umfangreichen Auflistung der wichtigsten Sprachbefehle. Zumal der Befehlssatz des virtuellen Helfers aktuell bereits einen beachtlichen Umfang angenommen hat. Es ist daher nicht immer einfach, die passenden Worte zu finden. Entsprechend ist es durchaus hilfreich, die wichtigsten Sprachbefehle zu kennen oder nachzuschlagen. Zudem müssen Sie als Nutzer von Alexa nicht ewig im Netz surfen, um die einzelnen Kommandos zu entdecken.

Natürlich sind wir weiterhin auf der Suche nach Sprachbefehlen, die dem Anwender einen echten Nutzen bieten. So wird dieses Buch in regelmäßigen Abständen aktualisiert, um immer auf dem neuesten Stand zu bleiben. Nutzen Sie dazu auch unseren Update-Service.

Viel Erfolg und Spaß wünscht Ihnen

Wilfred Lindo

Auf welchen Geräten ist Alexa verfügbar?

Amazon baut die Fähigkeiten seines Sprachassistenten Alexa weiter aus. Zudem wird auch die Echo-Hardware weiter ausgebaut. Auf dem deutschen Markt startete das Unternehmen zunächst mit den beiden Lautsprechern *Amazon Echo* und *Echo Dot*. Die Markteinführung fand bereits Anfang 2017 statt. Dabei werden die neuen Geräte zunächst auf dem amerikanischen Markt eingeführt, einige Monate später gelangen die Neuheiten auch auf weitere Märkte. So sind in der Zwischenzeit weltweit weitere Echo-Geräte verfügbar.

Abb.: Amazons Alexa-Familie – die Echo-Geräte (Quelle: Amazon)

Die nächste Generation: Amazon Echo und Echo Plus

Anfang 2017 ging Amazon mit **Amazon Echo und Alexa** in Deutschland an den Start. Nun folgt die zweite Generation der sprachgesteuerten Geräte. Amazon brachte zunächst den smarten Lautsprecher (**Amazon Echo**) mit einem neuen Design, einem verbesserten Sound und zu einem deutlich günstigeren Preis auf den Markt (2. Generation). Gleichzeitig erhält die verbesserte Echo-Familie auch eine Reihe von neuen Funktionen. Nun folgen auch verbesserte Versionen von **Echo Dot** und **Echo Plus** mit einem integrierten Smart Home Hub.

Oder Sie fragen Alexa selbst: „Alexa, *erzähl mir etwas über das neue Amazon Echo*!“

Zudem bringt Amazon Ende 2018 mehrere Ergänzungen zur Echo-Familie auf den Markt. Für Musikfans präsentiert das Unternehmen den neuen **Echo Sub**. Ein Subwoofer, der für Bass bei der Wiedergabe von Musik, Sprache und Geräuschen sorgt. Mit **Echo Connect** kommt eine Hardware auf den Markt, die ein Echo-Gerät in ein sprachgesteuertes Telefon verwandelt. Weitere Ergänzungen sind bereits angekündigt.

Amazon Echo Show – die verbesserte smarte Bildbox kommt

Auch **Echo Show der 2. Generation** geht an den Start. Eine Kombination aus dem smarten Lautsprecher Amazon Echo und einem Bildschirm. Die bisherigen Alexa-Funktionen bleiben weiterhin bestehen, es kommt nun noch das Anzeigen von Bildinhalten hinzu. So können Anwender nun auch Video Flash Briefings, Musiktexte, Bildübertragungen von Smart Home-Kameras, Fotos, Wettervorhersagen, To-do- sowie Einkaufslisten und vieles mehr am Bildschirm verfolgen. Freunde und Familienmitglieder, die ebenfalls **über ein Echo Show oder die Alexa App verfügen**, können über die Freisprecheinrichtung per Videotelefonat angerufen werden. Besitzer eines Amazon Echo, Echo Dot oder Echo Plus können Sprachanrufe tätigen oder Textnachrichten versenden. Deutlich verbesserte Lautsprecher sorgen für einen sehr guten Klang, gepaart mit ordentlichen Bässen.

Auch hier hat Alexa einige Infos: „Alexa, *was ist das Echo Show?*"

Alexa auf Fire TV und Fire TV Stick

Lange beschränkte sich die Nutzung von Alexa nur auf die Lautsprecher **Echo** und **Echo Dot**. Seit einiger Zeit können Anwender auch die **Streamingbox Fire TV** mit einer Sprachfernbedienung nutzen, um auf den Sprachassistenten von Amazon zuzugreifen. Dies gilt natürlich auch für den **Fire TV Stick** und den neuen **Fire TV Stick 4K** von Amazon. Hierzu kommt auch gleichzeitig eine deutlich verbesserte Sprachfernbedienung auf den Markt, die die Nutzung von Alexa deutlich erleichtert.

Alexa auf Fire Tablets

Neu ist auch die Nutzung von Alexa auf allen Fire Tablets. Dabei wird Alexa sowohl auf den neuen Tablets (z.B. das neue Flaggschiff der Fire Tablets, dem **Fire HD 10**) als auch auf den älteren Geräten verfügbar sein. Auch das **Fire HD 8** ist nun in einer verbesserten Version verfügbar. Gleichzeitig stellt Amazon das neue **Show-Modus-Ladedock** vor. Damit kann das Tablet aufgestellt und geladen werden. Zudem wird das Tablet so in ein mobiles Echo Show verwandelt.

Über ein kostenloses Update des Betriebssystems FireOS hält der Sprachassistent Alexa auch Einzug auf allen anderen Fire Tablets ab der 4. Generation von Amazon. Hält der Anwender zukünftig die digitale Startseite-Taste gedrückt, erscheint am unteren Display-Rand eine blaue Linie. Dann ist Alexa auf dem Fire Tablet aktiv und der Nutzer kann die gängigen Sprachbefehle nutzen. Zusätzlich lassen sich auch einzelne Apps auf dem Tablet starten.

Bei dem neuen **Fire HD 10** führt Amazon erstmals unter dem Begriff *Alexa Hands-free* die Möglichkeit ein, ohne ein Tastendruck den Sprachassistenten zu aktivieren. Ähnlich wie bei Amazon Echo oder Echo Dot kann Alexa einfach mit einem Aktivierungsbefehl (z.B. mit *Alexa*) aktiviert werden. Auf Wunsch kann die dauernde Bereitschaft auch in den Einstellungen des Gerätes ausgeschaltet werden.

Alexa via Amazon Music App auf Smartphones und Tablets

Natürlich ist Alexa auch in der **Amazon Music App** unter iOS und Android und auf der **Alexa-App** verfügbar. Somit ist Alexa auch Hardware-übergreifend auch auf Geräten von anderen Herstellern verfügbar. Somit erweitert Amazon die technische Basis für den Sprachassistenten um ein Vielfaches. Interessant bei der schrittweisen Erweiterung von Alexa ist die Tatsache, dass auf allen Geräten fast der vollständige Funktionsumfang des Sprachassistenten verfügbar ist.

So können über diesen Weg auch Apps gestartet, gewünschte Songs abgespielt oder ein Hörbuch vorgelesen werden. Somit steht der gesamte Funktionsumfang von Alexa nun auch auf mobilen Geräten zur Verfügung. Bei Smart Home Anwendungen beschränkt sich dies noch auf die Reichweite des eigenen Heimnetzwerkes. Hier sind ebenfalls interessante Erweiterungen angekündigt.

Amazon Alexa jetzt auch unter Windows 10 verfügbar

Ab sofort ist der Sprachassistent Alexa aus dem Hause Amazon auch unter **Windows 10** verfügbar. Dazu steht die Alexa for PC-App im Windows-Store kostenlos zum Downloaden bereit. Damit erhält der Nutzer Zugriff auf die vielen Funktionen und Fähigkeiten von Alexa, ohne dabei eine zusätzliche Hardware (z.B. Echo Lautsprecher) einzusetzen.

Die 10 besten Tipps: so funktioniert Alexa fehlerfrei

Alexa ist ein Sprachsystem, unabhängig ob Sie den Sprachassistenten via Amazon Echo, **Echo Dot**, Echo Show oder **Fire TV** nutzen. Hier kommt es darauf an, dass der virtuelle Assistent mit der sympathischen Stimme Sie auch versteht. Wie bei der Kommunikation zwischen zwei Menschen muss auch Alexa ihre Kommandos gut verstehen. Nur dann erhalten Sie die passende Antwort. Mit Hilfe der folgenden Tipps lassen sich die Ergebnisse per Sprachbefehl deutlich verbessern.

Sprechen Sie laut und deutlich

Auch wenn **Amazon Echo**, **Echo Dot** und **Echo Show** mit leistungsstarken Mikrofonen ausgestattet sind, kommt in manchen Fällen das Gesagte nicht korrekt an und Alexa quittiert ihr Sprachkommando mit einer Fehlermeldung oder mit einer unsinnigen Antwort. Dabei ist nicht immer Alexa das Problem. Daher ist das oberste Gebot in der Zusammenarbeit mit einem Sprachassistenten: Sprechen Sie laut und deutlich.

Hinweis: Sofern Sie leicht erkältet sind, können möglicherweise die Sprachbefehle nicht mit der gewünschten Qualität ankommen. Daher verlieren Sie nicht die Geduld. Werden Sie einfach wieder gesund.

Auch ein starker Dialekt kann übrigens für Verständnisprobleme sorgen.

Vermeiden Sie Hintergrundgeräusche

Natürlich verschlechtert sich die Kommunikation, wenn diese durch Nebengeräusche gestört wird. Sprechen beispielsweise mehrere Personen in einem Raum oder dringt aus dem geöffneten Fenster störender Straßenlärm an die Mikrofone, dann kann Alexa möglicherweise ihren Befehl nicht verstehen. Daher sollten Sie für Ruhe sorgen, dann funktioniert es auch mit Alexa.

Zu laute Musik stört die Kommunikation

Viele Nutzer benutzen besonders Amazon Echo gerne zum Hören der eigenen Lieblingssongs. Läuft gerade ein Song in entsprechender Lautstärke, dann wird es vielfach schwierig, sich Gehör bei Alexa zu verschaffen. Hier hilft nur schreien oder sie betätigen den Knopf am Gerät, damit Alexa in Bereitschaft geht. Alternativ können Sie natürlich auch die Lautstärke herunterregeln. Dafür müssen Sie allerdings auch einen Sprachbefehl bei Alexa absetzen.

Wiederholen Sie einfach die Frage

Sollte Alexa einen Befehl einmal nicht korrekt verstehen, so wiederholen Sie Ihre Frage erneut. Schon eine kleine Änderung in der Aussprache kann zu einem Missverständnis führen. Möglicherweise ist auch ihre Frage einfach zu kompliziert, damit Alexa diese verstehen kann. Formulieren Sie ihre Frage um oder vereinfachen Sie den Aufbau der Frage. Auch bei Alexa gilt: Weniger ist mehr.

Überprüfen Sie die Eingabe

Es gibt einen einfachen Weg festzustellen, was Alexa bei ihrer letzten Frage überhaupt verstanden hat. Sie können jeden Sprachbefehl und die daraus resultierende Alexa-Antwort über die Alexa-App überprüfen. Unter *Einstellungen / Verlauf* finden Sie alle getätigten Sprachbefehle und deren Umsetzung seitens Alexa. Zudem können Sie auf jede einzelne Eingabe klicken, um diese zu bewerten oder sogar zu löschen. Anhand des Feedbacks kann der Anwender die Sprachqualität weiter steigern. Umgekehrt verhindern Sie durch das Löschen von fehlerhaften Kommandos, dass diese weiterhin in der Cloud von Amazon vorgehalten werden.

Die Platzierung des Echo-Gerätes

Natürlich hat auch die Platzierung des Echo-Gerätes einen maßgeblichen Einfluss auf die Qualität, die Alexa abliefert. Versuchen Sie das Gerät zentral in einem Raum aufzustellen, idealerweise bietet sich ein Tisch oder eine Kommode an. So kann das Gerät mühelos alle Sprachkommandos im Raum erfassen. Zudem sollte Echo nicht von einem Gegenstand verdeckt werden. Auch sollte sich kein größerer Gegenstand unmittelbar in der Nähe des Lautsprechers befinden. Dies kann ebenfalls zu einem fehlerhaften Erkennen von Kommandos führen. Auch auf dem Boden hat das Echo-Gerät nichts zu suchen. Platzieren Sie das Alexa-Gerät möglichst in der Höhe von 90 bis 100 Zentimeter im Raum.

Die passende Halterung für das Echo-Gerät

Wer absolut keinen geeigneten Ort zur optimalen Aufstellung von einem Echo-Gerät findet, sollte sich im Handel umschauen. Hier wird mittlerweile eine Fülle an Zubehör für die Echo-Familie angeboten. So gibt es spezielle Halterungen, damit besonders das große Amazon Echo-Gerät einen guten Stand bekommt. Für Echo Dot gibt es unterschiedliche Wandhalterungen. So kann das Gerät einfach an der Wand oder an einem anderen geeigneten Ort befestigt werden. Dadurch stört Echo Dot nicht auf einem Tisch oder an einer anderen

Stelle. Zudem erhält das runde Gerät einen optimalen Platz, um alle Sprachbefehle korrekt zu empfangen.

Sprachfernbedienung bei einer größeren Entfernung

Befinden Sie sich sehr weit von dem Echo-Gerät entfernt und das Aktivieren per Sprachbefehl ist fast unmöglich, sollten Sie zu einer **Sprachfernbedienung** greifen. Hierüber können Sie direkt in das enthaltene Mikrofon sprechen und Alexa führt umgehend den Befehl aus. Dies funktioniert auch ausgezeichnet bei lauten Nebengeräuschen. Gleichzeitig lässt sich über die Fernbedienung auch die Lautstärke der Wiedergabe steuern.

Hinweis: Da die Verbindung zwischen Echo und der Sprachfernbedienung via Bluetooth geschieht, ist kein direkter Blickkontakt zu dem Gerät notwendig. Im Idealfall können auf freier Strecke bis zu 100 Meter überbrückt werden. In einem Wohnraum reduziert sich diese Verbindungsstrecke natürlich deutlich.

Fire TV zur Sprachsteuerung nutzen

Wer Amazons **Streamingbox Fire TV** oder den Fire TV Stick bereits im Einsatz hat, kann auch darüber die gewünschten Sprachbefehle absetzen. Hier müssen alle

Sprachbefehle über die beiliegende Fernbedienung über das integrierte Mikrofon abgesetzt werden. Alexa ist allerdings erst seit dem Update (*Version 5.2.4.1*) des Betriebssystems auf allen Streaminggeräten von Amazon verfügbar.

Störungen ausschließen

Natürlich kann der Dienst bei den Echo-Geräten auch von anderen Elektrogeräten gestört werden, was sich maßgeblich in einer schlechten Leistung bei Alexa niederschlägt. Stellen Sie daher das Alexa-Gerät nicht unmittelbar in die Nähe einer Mikrowelle oder eines Babyphons. Durch die erzeugten Wellen kann es zu deutlichen Störungen beim Betrieb von Alexa kommen.

Alexa und die wichtigsten Sprachbefehle

Die folgenden Grundsprachbefehle sind bei Alexa immer einsetzbar.

Hier sind die wichtigsten Sprachbefehle:

- „Alexa, Stop."
- „Alexa, Lautstärke auf 5." (0-10)
- „Alexa, Lautstärke 11." – *Kleiner Spaß*!
- „Alexa, Ton aus."
- „Alexa, Ton an."
- „Alexa, wiederholen."
- „Alexa, abbrechen."
- „Alexa, (mach) lauter."
- „Alexa, (mach) leiser."
- „Alexa, aus."
- „Alexa, Hilfe."
- „Alexa, rate." – *Hinweis: Alexa errät den nächsten Befehl!*

Alexa bietet Unterstützung

Natürlich bietet Alexa auch direkt zu dem Sprachsystem von Amazon an. Dabei werden einzelnen Themenbereich kurz erklärt und Hinweise für weiterführenden Informationen angeboten. Häufig werden auch weitere Details zusätzlich in der Alexa-App angezeigt.

Hier sind die wichtigsten Sprachbefehle:

- „Alexa, wie mach ich einen Anruf?"
- „Alexa, kannst du Anrufe tätigen?"
- „Alexa, wie ändere ich den Weckton?"
- „Alexa, erzähl mir etwas über das neue Amazon [Produkt]." – Hinweis: *Echo Plus, Echo Show usw.*
- „Alexa, was ist das [Produkt] von Amazon?" – Hinweis: *Echo Plus, Echo Show usw.*
- „Alexa, was sind Smart Home-Gruppen?"
- „Alexa, was sind Smart Home-Routinen?"
- „Alexa, wie kann ich Musik in mehreren Räumen abspielen?"
- „Alexa, kannst du Musik auf mehreren Geräten abspielen?"

- „Alexa, warum leuchtest du [Farbe]?“ – Hinweis: *Grün, Gelb, Rot, Blau usw.*
- „Alexa, was sind Skills?“
- „Alexa, was ist Drop In?“.

Alexa und aktuelle Nachrichten

Eine wichtige Aufgabe Ihres Sprachassistenten ist die Versorgung mit aktuellen Nachrichten.

Hier sind die wichtigsten Sprachbefehle:

- „Alexa, Guten Morgen!" – *Abruf von aktuellen Informationen*
- „Alexa, guten Abend!" – *Abruf von aktuellen Informationen*
- „Alexa, was gibt es Neues?"
- „Alexa, was ist mein Update?"
- „Alexa, was ist in den Nachrichten?"
- „Alexa, gib mir meine tägliche Zusammenfassung."

Hinweis: Beim Abruf von aktuellen Nachrichten, stehen folgende Befehle zur Verfügung

- „Alexa, weiter."
- „Alexa, zurück."
- „Alexa, Pause."

Eine erste Vorstellung:

- „Alexa, stell Dich mal vor!"

Alexa und Wissensfragen: Die Abfrage von Knowhow

Natürlich kann Alexa auf ein enormes Wissen zurückgreifen. Hier sind einige typische Abfragen.

Hier sind die wichtigsten Sprachbefehle:

- „Alexa, wie schreibt man [Begriff]?
- „Alexa, buchstabiere [Begriff]?
- „Alexa, was ist die Definition von [Begriff]? – Beispiel: *Mathematik, Frequenz*
- • „Alexa, warum ist [Frage]?“ - Beispiel: *Warum ist der Himmel blau*
- „Alexa, wie hoch ist [Gebäude, Berg]?“ - Beispiele: *Eifelturm, Zugspitze*
- „Alexa, welches ist der höchste Berg der Erde?“
- „Alexa, was sind die fünf höchsten Berge der Welt?“
- „Alexa, wie weit ist es bis zum [Planet]?“ – Beispiele: *Mond, Sonne*
- „Alexa, wie alt ist [Gegenstand]?“ – Beispiel: *das Universum*

- „Alexa, was ist die Hauptstadt von [Bundesland, Staat]?“ - Beispiele: *Bayern, Deutschland, Guatemala*
- „Alexa, wer ist der [Amt] von [Bundesland / Land]?“ – Beispiele: *Bürgermeister von Berlin oder Finanzminister von Deutschland*
- „Alexa, sag ein langes Wort.“
- „Alexa, wie viel Wasser ist im Meer?“
- „Alexa, welche [Begriffe] gibt es? “ - Beispiele: *Planeten*
- „Alexa, was ist das erste Gesetz der Robotik? “
- „Alexa, was ist das zweite Gesetz der Robotik?“
- „Alexa, was ist das dritte Gesetz der Robotik?“
- „Alexa, wie lauten die Gesetze der Robotik?“
- „Alexa, wie alt ist [Prominenter]?“ – Beispiele: *Angela Merkel, Boris Becker, Sylvester Stallone*
- „Alexa, wer ist [Person]? – Beispiel: *Albert Einstein*
- „Alexa, liste die drei Gesetze von Isaac Newton auf.“

- „Alexa, wie viele Einwohner hat [Stadtname]? – Beispiel: *Berlin, Hamburg, New York, Tokio*
- „Alexa, wie viele Einwohner hat [Kontinent]? – Beispiel: *Australien, Europa, die Welt*
- „Alexa, was bedeutet [Begriff]?“ – Beispiel: *Ironie, Wirtschaft*
- „Alexa, definiere [Begriff].“ – Beispiel: *Philanthrop*
- „Alexa, gib mir einen Life Hack.“

Alexa und das Wetter

Natürlich hält Alexa auch einige Informationen zur aktuellen Wetterlage für Sie parat. Und wird es morgen Regen geben?

Hier sind die wichtigsten Sprachbefehle:

- „Alexa, wann geht [Termin] die Sonne unter?“ – Beispiel: *heute, morgen, bestimmtes Datum*
- „Alexa, wann geht [Termin] die Sonne auf?“ – Beispiel: *heute, morgen, bestimmtes Datum*
- „Alexa, wann geht [Termin] der Mond unter?“ – Beispiel: *heute, morgen, bestimmtes Datum*
- „Alexa, wann geht [Termin] der Mond auf?“ – Beispiel: *heute, morgen, bestimmtes Datum*
- „Alexa, wann ist Vollmond?“
- „Alexa, wann ist Sonnenfinsternis?“
- „Alexa, wie wird das Wetter?“
- „Alexa, wie ist das Wetter?“
- „Alexa, wie ist das Wetter in [Ort]?“
- „Alexa, wird es morgen regnen?“
- „Alexa, gibt es morgen Schnee?“

- „Alexa, wird es am [Wochentag] schneien?“
- „Alexa, wie wird [Zeit] die Höchsttemperatur sein?“ – Beispiele: *morgen, übermorgen*
- „Alexa, wie wird das Wetter in [Stadt]?“ – Beispiel: *Stockholm, Berlin, Peking*
- „Alexa, wie wird das Wetter in [Ort] an diesem Wochenende?“
- „Alexa, was ist die erweiterte Vorhersage für [Ort]?“

Alexa und der Verkehr

Sofern Sie in der Alexa-App Ihren aktuellen Standort definiert haben, können Alexa jederzeit nach der aktuellen Verkehrslage fragen.

Hier sind die wichtigsten Sprachbefehle:

- „Alexa, wie ist der Verkehr?"
- „Alexa, wie ist mein Weg zur Arbeit?"
- „Alexa, wie ist die Verkehrslage im Moment?"
- „Alexa, wie weit ist es bis nach [Ort, Stadt]?" – Beispiel: *München*
- „Alexa, wie weit ist es von [Ort, Stadt] nach [Ort, Stadt]?" – Beispiel: *München nach Berlin*

Alexa und Regionales

Sofern Sie Alexa Ihren aktuellen Standort mitgeteilt haben, kann der Sprachassistent Ihnen regionale Informationen zur Verfügung stellen. Interessanterweise stellt die Alexa-App zu einzelnen Anfragen noch weitere Details zu einzelnen Unternehmen zur Verfügung.

Hier sind die wichtigsten Sprachbefehle:

- „Alexa, nenne mir einen [Betrieb] in der Nähe?"
- „Alexa, nenne mir ein Restaurant in der Nähe?"
- „Alexa, wie lange hat [Betrieb] in [Ort] geöffnet?"
- „Alexa, wie lautet die Telefonnummer von [Betrieb] in [Ort]?"
- „Alexa, wo liegt der nächste [Betrieb]?" – Beispiel: *Supermarkt*
- „Alexa, wo liegt das nächste Kino?"
- „Alexa, finde ein Restaurant in der Nähe."
- „Alexa, welche Filme laufen gerade?"
- „Alexa, welche [Filmgenre] laufen gerade?"
- „Alexa, wann läuft der Film [Name]?"

Alexa geht Einkaufen

Gehen Sie auf Shoppingtour mit Alexa. Eine durchaus sinnvolle Lösung ist das Einfügen von diversen Produkten in die eigene Einkaufsliste. Dazu hat Amazon auf der Webseite unter Meine Listen eine eigene Alexa-Einkaufsliste eingerichtet.

Folgende Sprachbefehle stehen zur Aufgabe einer Bestellung unter Alexa zur Verfügung:

- „Alexa, bestelle [Produkt]."
- „Alexa, bestelle [Produkt] erneut."
- „Alexa, füge [Produkt] zu meinem Einkaufswagen hinzu."
- „Alexa, verfolge meine Bestellung."
- „Alexa, wo ist meine Bestellung."
- „Alexa, füge [Produkt] auf meine Einkaufsliste hinzu."

Darüber hinaus kann jeder Anwender auch Amazon Music Unlimited per Sprachbefehl aktivieren. Sofern noch kein Abonnement vorliegt oder die 30tägige Probemitgliedschaft noch nicht genutzt wurde, wird zunächst automatisch die Probemitgliedschaft eingerichtet.

- „Alexa, starte Amazon Music Unlimited."

Alexa und die Mathematik / Finanzen

Natürlich beherrscht Ihr Sprachassistent alle wichtigen mathematischen Funktionen. Stellen Sie Alexa einfach auf die Probe!

Hier sind die wichtigsten Sprachbefehle:

- „Alexa, was ist die Quadratwurzel von [Zahl]?"
- „Alexa, Alexa, wie weit ist es von [Ort1] bis [Ort2]? – Beispiel: *Berlin bis New York*
- „Alexa, wie weit ist [Zahl] [Längenmaß] in [Maßangabe]?" – Beispiel: *eine Meile im Meter*
- „Alexa, was ist [Wert] [Währung] in [Währung]? – Beispiel: *ein Dollar in Euro*
- „Alexa, rechne [Wert] [Temperatur] in [Temperatur] um." – Beispiel: *14 Grad Celsius in Fahrenheit*
- „Alexa, was ist [mathematischer Begriff]? – Beispiel: *Pi, Satz des Pytagoras*
- „Alexa, sag das Alphabet auf!"

- „Alexa, nenne mir eine Zahl zwischen [x] und [y].”
- „Alexa, was ist [Zahl] [Rechenoperator] [Zahl]?“ – Hinweis: *Es sind alle ganzen Zahlen möglich, die Rechenoperatoren „plus (+)“, „minus (-)“, „mal (*)“ und „geteilt (/)“ sind verfügbar.*
- „Alexa, wie viel ist [Zahl] hoch [Zahl]?“ – Beispiel: *2 hoch 3*
- „Alexa, was ist die Währung von [Land]?”
- „Alexa, was [Zahl] Prozent (%) von [Zahl]? – Hinweis: *Alexa beherrscht auch die Prozentrechnung*
- „Alexa, wie lautet die [Zahl] binomische Formel?“ – Hinweis: *es gibt drei Formeln*
- „Alexa, wie viel ist Null geteilt durch Null?“
- „Alexa, teile Null durch Null?“

Alexa und der Sport

Wer regelmäßig die aktuellen Fußball-Nachrichten über seinen Lieblingsverein benötigt, kann dies zukünftig auch über den Sprachassistenten Alexa tun. Das System deckt dabei unterschiedliche Sportligen ab.

Hier sind mögliche Sport-Abfragen über Alexa:

- „Alexa, wie sieht das Ergebnis des Spiels von [Vereinsname] aus?“
- „Alexa, wer ist dabei, das Spiel [Spielpaarung] zu gewinnen?“
- „Alexa, wann spielen [Mannschaft] das nächste Mal?“
- „Alexa, wann ist das nächste Spiel von [Mannschaft]?“
- „Alexa, hat [Mannschaft] gewonnen?“
- „Alexa, wer hat das [Mannschaft oder Ereignis] Spiel gewonnen?“
- „Alexa, was war das Ergebnis vom [Mannschaft oder Ereignis] Spiel?“
- „Alexa, wann findet das nächste Spiel von [Mannschaft] statt?“
- „Alexa, wie steht es bei [Mannschaft]?“
- „Alexa, wie steht es bei Spiel [Spielpaarung]?“

- „Alexa, wann spielt [Mannschaft]?“
- „Alexa, wann ist [Bundesliga]?“
- „Alexa, wie ist die Tabelle der [Bundesliga]?“
- „Alexa, wer spielt in der zweiten Bundesliga?“
- „Alexa, wie sieht die Tabelle der [Zahl] Bundesliga aus?“
- „Alexa, hat [Verein] gewonnen?“
- „Alexa, wie steht es bei [Spielpaarung]?
- „Alexa, was sind meine Sportnachrichten?“
- „Alexa, wann endet die Bundesliga?“
- „Alexa, auf welchem Platz steht [Mannschaft]?“
- „Alexa, wie ist das Spielergebnis von [Spielpaarung]?“
- „Alexa, wer hat das Spiel [Spielpaarung] gewonnen?“
- „Alexa, wann ist das nächste Spiel von [Mannschaft]?“
- „Alexa, was ist die Tordifferenz von [Verein]?“

Aktuelle Infos zu einzelnen Fußball-Spielern

Zusätzlich bietet Alexa auch Informationen zu einzelnen Fußball-Spielern, allerdings beschränkt sich das Angebot nur auf wenige, bekannte Spieler.

Hier sind mögliche Sport-Abfragen über Alexa:

- „Alexa, wo spielt [Spielername]?“ – Beispiel: *Thomas Müller, Mats Hummels*
- „Alexa, bei welchem Verein spielt [Spielername]?“ – Beispiel: *Manuel Neuer*
- „Alexa, wie viele gelbe Karten hat [Spielername]?“ – Beispiel: *Thomas Müller*
- „Alexa, wie viele rote Karten hat [Spielername]?“ – Beispiel: *Manuel Neuer*
- „Alexa, wie groß ist [Spielername]?“ Beispiel: *Manuel Neuer*

Fußball-Audiostreams per Alexa

Amazon hat die Audio-Rechte der gesamten 1. und 2. Bundesliga gesichert. Zusätzlich werden auch die Relegationsspiele, die Partien des Supercups sowie die Spiele des DFB-Pokals gestreamt. Für die Audiostreams wurde der Befehlssatz von Alexa um einige Kommandos erweitert.

Folgende Kommandos stehen zur Verfügung:

- „Alexa, Spiel [Mannschaft1] gegen [Mannschaft2]." (Audiostream)
- „Alexa, spiel die Amazon-Konferenz." (Audiostream)
- „Alexa, spiel [Bundesliga]." (Audiostream)
- „Alexa, spiel Amazon-Konferenz." (Audiostream)

Internationale Sportligen

Zusätzlich können auch die Ergebnisse von anderen Sportligen abgerufen werden.

Folgende Auswahl an Kommandos stehen zur Verfügung:

- „Alexa, wann ist Football“?
- „Alexa, wann ist Eishockey“?
- „Alexa, wann gibt es Baseball“?
- „Alexa, wann spielen [Mannschaft]?“
- „Alexa, wie steht es bei [Mannschaft]?“

Lustiges zum Fußball

Natürlich darf beim Fußball nicht der Spaß verloren gehen. Hier sind einige witzige Beiträge von Alexa.

Folgende Auswahl an Kommandos stehen zur Verfügung:

- „Alexa, erzähl einen Fußballwitz!“
- „Alexa, gib mir einen Fußball-Spruch.“
- „Alexa, magst Du Fußball?“

Alexa und die Filme

Auch Filmfans kommen bei Alexa auf ihre Kosten. Der Sprachhelfer hält einige nützliche Informationen für Sie parat.

Hier sind die wichtigsten Sprachbefehle:

- „Alexa, wann läuft [aktueller Film] im Kino?“ – Beispiel: *Filme, die aktuell im Kino laufen*
- „Alexa, welche Filme laufen gerade?“
- „Alexa, welche Filme laufen am [Tag] in [Ort]?
- „Alexa, wo läuft [Film] am [Tag] im Kino?“
- „Alexa, wann läuft der Film [Titel] am [Ort inkl. Kinoname]?“
- „Alexa, welche [Genre]-Filme laufen am [Tag]?“ – Hinweis: *Action, Liebesfilm*
- „Alexa, wer spielt im [Film] die Hauptrolle?
- „Alexa, kennst Du [die Filmfigur]?“ – Beispiel: *Hulk*
- „Alexa, was ist der neueste Film von [Produzent]? – Beispiel: *Walt Disney*

- „Alexa, wie lautet die IMDb-Bewertung für [Film]?“ – Hinweis: *englische Aussprache für iMDb nutzen!*
- „Alexa, wer gewannt dieses Jahr einen Golden Globe?“ (*nur für kurze Zeit*!)
- Alexa, wer gewannt dieses Jahr einen Oscar?“ (*nur für kurze Zeit*!)

Alexa und Science-Fiction

In den unendlichen Weiten des Weltraumes gibt es einige bekannte Zitate und Namen, die Alexa hinlänglich bekannt sind.

Alexa und Star Wars

Star Wars darf natürlich im Wortschatz von Alexa nicht fehlen. Möge die Macht auch mit Alexa sein!

Hier sind die wichtigsten Sprachbefehle:

- „Alexa, ich bin dein Vater!“
- „Alexa, ich bin deine Mutter!“
- „Alexa, magst Du Star Wars?“
- „Alexa, möge die Macht mit Dir sein!“
- „Alexa, (be)nutze die Macht!“
- „Alexa, es ist eine Falle!“
- „Alexa, sprich wie Yoda!“
- „Alexa, wer hat zuerst geschossen?“
- „Alexa, das ist kein Mond!“
- „Alexa, nenn mir ein Zitat von Star Wars.“
- „Alexa, wer ist [Star Wars Figur]?“ – Beispiel: *Darth Vader, Luc Skywalker, Han Solo*
- „Alexa, in welcher Reihenfolge schaut man Star Wars Filme?“
- „Alexa, was ist deine Lieblingsfigur in Star Wars?“

Alexa und StarTrek

Die Abenteuer um das Raumschiff Enterprise kennt wohl fast jeder Mensch. Entsprechend gibt es auch hier einige bekannte Aussprüche, die in den Wortschatz von Alexa eingegangen sind.

Hier sind die wichtigsten Sprachbefehle:

- „Alexa, kannst Du klingonisch sprechen?“
- „Alexa, was ist ein Klingone?“
- „Alexa, Tee, Earl Grey, heiß.”
- „Alexa, magst Du StarTrek.“
- „Alexa, Kaffee, heiß! “
- „Alexa, beam mich hoch“!
- „Alexa, lebe lang und in Frieden!“
- „Alexa, Beam’ mich hoch!“
- „Alexa, Widerstand ist zwecklos!“
- „Alexa, mach mir ein Sandwich!“
- „Alexa, welche Sternzeit haben wir?“
- „Alexa, was ist deine Mission?“
- „Alexa, Alarmstufe Rot.“

Alexa: Noch mehr Science-Fiction

Natürlich sind Alexa noch weitere bekannte Zitate und Aussprüche bekannt, die aus Science-Fiction Filmen und Computerspielen stammen.

Hier sind die wichtigsten Sprachbefehle:

- „Alexa, wer hat zuerst geschossen?“
- „Alexa, bist du das Skynet?”
- „Alexa, ich komme wieder!“
- „Alexa, kennst du HAL?“
- „Alexa, hasta la vista baby!”
- „Alexa, leben wir in der Matrix?“
- „Alexa, es kann nur einen geben!“ (*Highlander*)
- „Alexa, sprich Freund und tritt ein!“ (*Herr der Ringe*)
- „Alexa, who let the dogs out?”
- „Alexa, kennst du GlaDOS?“ (Computerspiel *Portal*)
- „Alexa, ist der Kuchen eine Lüge?“ (Computerspiel *Portal*)
- „Alexa, hat diese Einheit eine Seele?" (Computerspiel *Mass Effect*)

- „Alexa, wer ist [Superheld].“ (*Alexa kennt sie alle: Batman, Superman, Spiderman, Hulk, Superwoman usw.)*
- „Alexa, Klaatu Barada Nikto.“ (aus: *Der Tag, an dem die Erde stillstand*)

Alexa ist ein Filmfan

Natürlich ist Alexa auch bei dem Thema Film gut sortiert. Diverse Zitate aus bekannten Streifen sind im Speicher von Alexa hinterlegt.

Hier sind die wichtigsten Sprachbefehle:

- „Alexa, was ist die erste Regel des Fight Clubs?"
- „Alexa, was ist die zweite Regel des Fight Clubs?"
- „Alexa, was ist die dritte Regel des Fight Clubs?"
- „Alexa, was ist die vierte Regel des Fight Clubs?"
- „Alexa, was ist die fünfte Regel des Fight Clubs?"
- „Alexa, mein Name ist Inigo Montoya" (*Die Braut des Prinzen*)
- „Alexa, nenne mir ein Filmzitat!"
- „Alexa, spiel mir das Lied vom Tod!" (*funktioniert nicht unter Fire TV*)
- „Alexa, deine Mutter war ein Hamster."
- „Alexa, ich bin Spartacus!" (*Gleichnamiger Film*)

- „Alexa, Beetlejuice Beetlejuice Beetlejuice!” (*Gleichnamige Kömodie*)
- „Alexa, das ist Wahnsinn! (*300*).“
- „Alexa, warum liegt hier eigentlich Stroh?“
- „Alexa, wer ist der Mörder?“
- „Alexa, was ist dein Lieblingsfilm?“
- „Alexa, was ist der beste Weihnachtsfilm?“
- „Alexa, was ist der beste Film aller Zeiten?“
- „Alexa, wer ist dein Lieblingsschauspieler?“

Alexa ist ein Serienjunkie

Auch einige Aussprüche von bekannten Serien sind im virtuellen Gedächtnis von Alexa gespeichert.

Hier sind die wichtigsten Sprachbefehle:

- „Alexa, was hältst du von Mr. Robot?“ (*Mr. Robot*)
- „Alexa, wer ist der Doktor?“ (*Doctor Who*)
- „Alexa, ich bin der Doktor!“ (*Doctor Who*)
- „Alexa, der Winter naht.” (*Game of Thrones*)
- „Alexa, Valar Morghulis!” (*Game of Thrones*)
- „Alexa, was weiß Jon Snow?” (*Game of Thrones*)
- „Alexa, wer hat an der Uhr gedreht?“ (*Paulchen Panther*)
- „Alexa, was ist der Sinn des Lebens?“ (*Per Anhalter durch die Galaxis*)
- „Alexa, was ist die Frage nach dem Sinn des Lebens?“
- „Alexa, Ich bin ein Star – hol mich hier raus!“

- „Alexa, wer, wie, was?“
- „Alexa, wer spielt die Hauptrolle in [Serie]“? Hinweis*: die gewünschte Serie einfügen!*
- „Alexa, wie lautet die IMDb-Bewertung für [Serie]?“ – Hinweis: *englische Aussprache für iMDb nutzen!*

Game of Thrones

Natürlich darf die Erfolgsserie „Games of Thrones“ nicht fehlen. Hier einige interessante Zitate und Aussprüche aus der Fantasy-Fernsehserie, die insgesamt 8 Staffeln umfasst.

Hier sind die passenden Sprachbefehle:

- „Alexa, der Winter naht.“ (*im Original: „Winter is Coming“ - der Name der ersten Episode der ersten Staffel. Die bekannten Worte des Hauses Stark*)
- „Alexa, der Winter kommt.“
- „Alexa, Valar Morghulis!”
- „Alexa, was weiß Jon Schnee?”
- „Alexa, wer ist Daenerys Targaryen?”
- „Alexa, wer ist die Drachenmutter?“
- „Alexa, was sagen wir dem Tod?“

- „Alexa, ich bin der Wächter auf den Mauern!"
- „Alexa, ist Jon Schnee tot?"
- „Alexa, die Nacht ist dunkel und voller Schrecken!"
- „Alexa, was ist die erste Lektion im Schwertkampf?"
- „Alexa, alle Menschen müssen sterben!"
- „Alexa, was weiß ein weiser König?"
- „Alexa, du bist jetzt Teil des großen Spiels!"
- „Alexa, kann ein Mann mutig sein, wenn er Angst hat?"
- „Alexa, das ist ungewöhnlich!"
- „Alexa, was schneidet tiefer als ein Schwert?"
- „Alexa, was sind die Worte des Hauses Stark?"
- „Alexa, was ist der Spruch des Hauses Bolton?"
- „Alexa, was ist der Spruch des Hauses Targaryen?"
- „Alexa, was ist der Spruch des Hauses Baratheon?"

Alexa und die Kommunikation

Nun schickt sich Alexa an, auch das Thema **Telefonie** zu erobern. So ist es mit den aktuellen Updates möglich, von einem Echo zum anderen Echo-Gerät zu kommunizieren.

Dies funktioniert auch mit der *Alexa-App* oder per *Echo Dot* oder *Echo Show*. Hier ist sogar eine Video-Telefonie möglich, sofern zumindest zwei Teilnehmer das Videosignal erzeugen bzw. verarbeiten können. Selbst ein Anruf via Smartphone ist möglich.

Hier sind die wichtigsten Sprachbefehle:

- „Alexa, sende eine Nachricht."
- „Alexa, machen einen Anruf."
- „Alexa, rufe [Teilnehmer / Gerätename] an."
- „Alexa, Drop In für [Teilnehmer / Gerätename]."
- „Alexa, Drop In."
- „Alexa, Anruf annehmen."
- „Alexa, ignoriere den Anruf!"
- „Alexa, auflegen."
- „Alexa, Drop In beenden."
- „Alexa, sende eine Nachricht an [Gerät / Teilnehmer]."

Alexa und die Zeit

So bekommen Sie Ihre Zeitplanung mit Alexa in den Griff.

Hier sind die wichtigsten Sprachbefehle:

- „Alexa, wie lautet das heutige Datum?“
- „Alexa, wie spät ist es?“
- „Alexa, wie spät ist es in [Ort]?“ – Beispiele: *Berlin, Tokio, New York*
- „Alexa, was ist der [Datum] für ein Wochentag?“ – Beispiel: *24. Dezember 2029*
- „Alexa, wann ist das nächste Schaltjahr?“
- „Alexa, wann war das letzte Schaltjahr?“
- „Alexa, wie lange ist es noch bis [Termin]?“ – Beispiel: *Datum, Feiertag (z.B. Ostern, Weihnachten)*
- „Alexa, wann ist die Zeitumstellung?“
- „Alexa, wann ist [Feiertag]?“ – Beispiel: *Ostern, Weihnachten usw.*
- „Alexa, wann ist [Feiertag] [Jahr]?“ – Beispiel: *Ostern 2019*
- „Alexa, wann ist [Ereignis] [Jahr]?“ – Beispiel: *Halloween 2020, Karneval*

- „Alexa, wann beginnt [Jahreszeit]?“ – Beispiel: *der Frühling, der Sommer, der Herbst, der Winter*
- „Alexa, wann endet [Jahreszeit]?“ – Beispiel: *der Frühling, der Sommer, der Herbst, der Winter*
- „Alexa, wie lange dauert [Jahreszeit]?“ – Beispiel: *der Frühling, der Sommer, der Herbst, der Winter*

Wecker und Timer mit Alexa

Wer keinen Termin mehr verpassen möchte, greift idealerweise zu einem **Timer** oder **Wecker** unter Alexa. Zusätzlich können nun auch jedem Timer einen Namen (Bezeichnung) geben. Dies ist besonders interessant, wenn Sie gleichzeitig mehrere Timer im Einsatz haben.

Hier sind die wichtigsten Sprachbefehle:

- „Alexa, wecke mich."
- „Alexa, wecke mich um [Uhrzeit]."
- „Alexa, wecke mich [Zeitangabe] um [Uhrzeit]." Beispiel für Zeitangabe: *morgen früh, heute Abend, bestimmtes Datum, wochentags, am Wochenende*
- „Alexa, wecke mich um [Uhrzeit] mit Musik."
- „Alexa, wecke mich um [Uhrzeit] mit [Name einer Playlist]."
- „Alexa, wecke mich um [Uhrzeit] mit [Name einer Playlist] von [Streamingdienst]." – Beispiel: *Spotify*
- „Alexa, wecke mich um [Uhrzeit] mit [Name eines Radiosenders]." – Hinweis: Verwendet TuneIn

- „Alexa, wecke mich [Zeitangabe] um [Uhrzeit] mit [Name eines Radiosenders].“ – Hinweis: *Verwendet TuneIn*
- „Alexa, wecke mich um [Uhrzeit] mit [Interpret].“ Beispiel: *Coldplay, David Guetta, U2*
- „Alexa, wecke mich [Zeitangabe] um [Uhrzeit] mit Musik von [Interpret].“
- „Alexa, wecke mich morgen früh um 8 Uhr mit Coldplay.“
- „Alexa, wecke mich [Zeitangabe] um [Uhrzeit] mit Musik von [Interpret] von [Streamingdienst].“ - Beispiel: *Spotify*
- „Alexa, wecke mich in [Anzahl der Minuten] nochmals.“
- „Alexa, stelle einen Wecker.“
- „Alexa, stelle einen Wecker [Zeitangabe] um [Uhrzeit].“ Beispiel für Zeitangabe: *morgen früh, heute Abend, bestimmtes Datum, wochentags, am Wochenende*
- „Alexa, stelle einen Wecker [Zeitangabe] um [Uhrzeit] mit Musik.“ – Hinweis: *Verwendet Amazon Music*
- „Alexa, stelle einen Wecker [Zeitangabe] um [Uhrzeit] mit Musik von [Interpret].“

- „Alexa, stelle einen Wecker [Zeitangabe] um [Uhrzeit] mit [Playlist] von [Streamingdienst].“ - Beispiel: *Spotify*
- „Alexa, lösche Wecker.“
- „Alexa, lösche Wecker [Uhrzeit].“
- „Alexa, lösche Wecker [Zeitangabe] um [Uhrzeit].“
- „Alexa, lösche alle Wecker.“
- „Alexa, zeige meine Wecker.“
- „Alexa, schlummern.“
- „Alexa, schlummern für [Anzahl der Minuten].“
- „Alexa, bitte nicht stören.“

Alexa und Termine und Kalender

Verwalten Sie mit Alexa ihre laufenden Termine. Dabei können Sie das System mit Google (Gmail und G Suite), Microsoft (Outlook und Office 365) sowie Apple (iCloud) verknüpfen. Nach der Anbindung können Sie per Sprachkommando neue Termine einfügen.

Hier sind die wichtigsten Sprachbefehle:

- „Alexa, füge einen Termin zu meinem Kalender hinzu!"
- „Alexa, füge [Aufgabe] zu meinem Kalender hinzu!"
- „Alexa, was steht in meinem Kalender?"
- „Alexa, was steht [Datum / Wochentag] in meinem Kalender?"
- „Alexa, welche Termine habe ich heute"
- „Alexa, welche Termine habe ich?"
- „Alexa, welche Termine habe ich um [Zeitangabe]"
- „Alexa, welche Termine habe ich [heute / morgen / übermorgen]?"
- „Alexa, welche Termine habe ich am [Wochentag] um [Uhrzeit]"
- „Alexa, welchen Termin habe ich heute [Abend/Mittag/Vormittag]?"

- „Alexa, welchen Termin haben ich am [Datum]?“
- „Alexa, wann findet mein nächster Termin statt?“
- „Alexa, was steht [Termin] für [Uhrzeit] in meinem Kalender?“
- „Alexa, füge meinem Kalender [Aufgabe] für [Datum / Wochentag] um [Uhrzeit] hinzu.
- „Alexa, was steht heute an?“

Wiederkehrende Erinnerungen

Mit Hilfe von Alexa lassen sich nun auch wiederkehrende Erinnerungen an bestimmte Aktivitäten einstellen. Diese Funktion ist dann nützlich, wenn eine Aufgabe oder eine Erinnerung immer zum gleichen Zeitpunkt erforderlich ist. Dies kann sowohl im privaten als auch im beruflichen Umfeld erfolgen.

Hier sind die wichtigsten Sprachbefehle:

- „Alexa, erinnere mich daran, jeden [Wochentag] um [Uhrzeit] [Aktivität] auszuführen."
- „Alexa, erinnere mich jeden Montag um 7:00 Uhr an [Aufgabe / Aktion]."
- „Alexa, erinnere mich daran, täglich um 20.00 Uhr die Haustür abzuschließen."

Alexa und die Medienwiedergabe

Der Sprachassistent Alexa ist der ideale Partner, wenn es darum geht, die Musik zu steuern.

Hier sind die wichtigsten Sprachbefehle:

- „Alexa, spiele Musik“ – *Über die Primärquelle, die unter der Alexa-App definiert wurde*
- „Alexa, „Pause.“ – *bei laufender Musikwiedergabe*
- „Alexa, stopp.“ – *bei laufender Musikwiedergabe*
- „Alexa, weiter.“ – *bei angehaltener Musikwiedergabe*
- „Alexa, fortsetzen.“ – *bei angehaltener Musikwiedergabe*
- „Alexa, zurück.“ - *bei laufender Musikwiedergabe*
- „Alexa, Neustart.“ - *bei laufender Musikwiedergabe*
- „Alexa, Wiedergabe.“ – *bei angehaltener Musikwiedergabe*
- „Alexa, was läuft gerade?“ - *bei laufender Musikwiedergabe*

- „Alexa, nächstes Lied" - *bei laufender Musikwiedergabe*
- „Alexa, nächster Song" - *bei laufender Musikwiedergabe*
- „Alexa, mach lauter."
- „Alexa, lauter."
- „Alexa, mach leiser."
- „Alexa, leiser."
- „Alexa, Lautstärke auf [Zahl 1-10]." – Hinweis: *1 ist leise, 10 ist die lauteste Wiedergabe!*
- „Alexa, Ton aus."
- „Alexa, stoppe die Musik."
- „Alexa, Endloswiedergabe."
- „Alexa, spiele den Song mit dem [Text]."
- „Alexa, stoppe die Musikwiedergabe in [Zahl] Minuten."
- „Alexa, spiele den Song, den ich gerade gekauft habe."
- „Alexa, spiele den Song, den ich zuletzt gehört habe."
- „Alexa, stoppe die Musikwiedergabe in [Zahl] Minuten." - *bei laufender Musikwiedergabe*

Alexa und Prime Music

Hier finden Sie einige Sprachbefehle, die aktuell nur unter **Prime Music** funktionieren.

- „Alexa, Musik mit Prime Music wiedergeben.
- „Alexa, Spiele etwas Prime Music."
- „Alexa, Spiele etwas Prime Music zur Entspannung."
- „Alexa, Spiele Prime Music zum Tanzen."
- „Alexa, Spiele Musik von [Interpret] ab."
- „Alexa, Spiele die Playlist."
- „Alexa, füge diesen [Song] hinzu."
- „Alexa, spiele auf Prime Music."
- „Alexa, spiele von [Interpret] ab."
- „Alexa, spiele [Genre] von Prime Music."
- „Alexa, Spiele den [Sender] auf Prime."
- „Alexa, spiele Hörproben von [Interpret] ab."
- „Alexa, gibt beliebte Songs von [Interpret] wieder."
- „Alexa, was höre ich gerade?"

- „Alexa, suche Musik von [Interpret].“
- „Alexa, spiele Playlist [...] von [Quelle].“
- „Alexa, spiele [Interpret] auf [Quelle].“
- „Alexa, spiele [Titel] von [Interpret] auf [Quelle].“
- „Alexa, spiel [Musikrichtung] aus dem [Jahr].“ – Beispiel: *Pop-Musik, 1976*
- „Alexa, ich mag diesen Song.“ – Hinweis: *Funktioniert ausschließlich unter Prime Music*
- „Alexa, ich mag diesen Song nicht.“ – Hinweis: *Funktioniert ausschließlich unter Prime Music*

Zudem verfügt Alexa auch über Musikwissen, dass Sie zusätzlich abrufen können.

Hier sind die wichtigsten Sprachbefehle:

- • „Alexa, wer ist der Sänger von der [Band]? – Beispiel: *Rammstein*
- • „Alexa, was war das erste Album von [Interpret]? – Beispiel: *Deep Purple*
- „Alexa, spiele das Lied mit der [Textzeile]“.
- „Alexa, wie heißt dieser Song?“

Darüber hinaus kann jeder Anwender auch Amazon Music Unlimited per Sprachbefehl aktivieren. Sofern noch kein Abonnement vorliegt oder die 30tägige Probemitgliedschaft noch nicht genutzt wurde, wird zunächst automatisch die Probemitgliedschaft eingerichtet.

- „Alexa, starte Amazon Music Unlimited."

Natürlich können auch andere Anbieter, die mit Amazon verknüpft sind, per Sprachbefehl abgerufen werden.

Hier sind die wichtigsten Sprachbefehle:

- „Alexa, spiele [Sender]."
- „Alexa, spiele [Sender] auf Tuneln."
- „Alexa, spiele [Podcast]."
- „Alexa, spiele [Podcast] auf Tuneln."
- „Alexa, spiele [Musikrichtung] von Spotify."
- „Alexa, spiele [Name der Playlist] von Spotify."
- „Alexa, spiele den [Songname] von Spotify."
- „Alexa, spiele Songs von [Interpret] von Spotify."

Alexa und die Multiroom-Funktion

Mit der neuen **Multi-Room-Funktion** für Amazons Echo-Geräte ist nun eine synchrone Musikwiedergabe in unterschiedlichen Räumen möglich. Dabei können Nutzer die Musikwiedergabe über mehrere Amazon Echo-Geräte hinweg synchronisieren und steuern.

Hier finden Sie einige Sprachbefehle speziell für die Multiroom-Funktion:

- „Alexa, spiele Musik in [Musik-Gruppe]."
- „Alexa, spiele [Musiktitel] von [Interpret] in [Musik-Gruppe]."
- „Alexa, spiele [Musiktitel] von [Interpret] von [Streamingdienst] in [Musik-Gruppe]."
- „Alexa, spiele nächsten Song in [Musik-Gruppe]."
- „Alexa, spiele vorherigen Song in [Musik-Gruppe]."
- „Alexa, spiele nächstes Lied in [Musik-Gruppe]."
- „Alexa, spiele vorheriges Lied in [Musik-Gruppe]."
- „Alexa, spiele [Interpret] in [Musik-Gruppe]."

- „Alexa, spiele [Musikrichtung] in [Musik-Gruppe]."
- „Alexa, Lautstärke in [Musik-Gruppe] auf [Zahl]." – Hinweis: *Werte zwischen 1-10*
- „Alexa, leiser in [Musik-Gruppe]."
- „Alexa, lauter in [Musik-Gruppe]."
- „Alexa, stoppe Musik in [Musik-Gruppe]."
- „Alexa, anhalten in [Musik-Gruppe]."
- „Alexa, weiter spielen in [Musik-Gruppe]."
- „Alexa, welche Musik spielt in [Musik-Gruppe]."?
- „Alexa, Zufallswiedergabe in [Musik-Gruppe]."
- „Alexa, beende Zufallswiedergabe in [Musik-Gruppe]."
- „Alexa, spiele [Musikrichtung] in [Musik-Gruppe]."

Alexa steuert die Medienwiedergabe auf einem anderen Gerät

Verbinden Sie Alexa mit ihrem mobilen Gerät via Bluetooth. Anschließend starten Sie die gewünschte App auf Ihrem **Smartphone** oder Tablet. Dann starten Sie die Wiedergabe auf dem Mobilgerät.

Hier sind die wichtigsten Sprachbefehle:

- „Alexa, verbinden."
- „Alexa, verbinde mein [Telefon / Tablet / Smartphone]."
- „Alexa, trenne.
- „Alexa, trenne mein [Telefon / Tablet / Smartphone].

Interessanterweise funktionieren nun auch einige Sprachbefehle, um die Musikwieder zu steuern. Allerdings müssen Sie zuvor immer die Wiedergabe manuell steuern:

- „Alexa, Wiedergabe."
- „Alexa, Pause."
- „Alexa, zurück."
- „Alexa, weiter."
- „Alexa, stopp."
- „Alexa, fortsetzen."

Alexa und Fire TV

Fire TV kann nun auch per Alexa mit jedem Echo-Gerät angesprochen werden. Allerdings muss das betreffende Echo-Gerät mit Fire TV fest verknüpft werden. Dann kann das Streaming per Sprachkommando erfolgen.

Hier sind die wichtigsten Sprachbefehle:

- „Alexa, starte Film." Hinweis: Alexa nach, welchen Film Sie gerne sehen möchten.
- „Alexa, starte [Fimtitel]."
- „Alexa, starte [Serientitel]."
- „Alexa, starte [Fimtitel] auf [Name von Fire TV]."
- „Alexa, Pause." – Hinweis: Die Wiedergabe wird gestoppt.
- „Alexa, Pause beenden." – Hinweis: *Die Wiedergabe wird fortgesetzt.*
- „Alexa, fortsetzen." – Hinweis: *Die Wiedergabe wird fortgesetzt.*
- „Alexa, weiter." – Hinweis: *Springt bei einer Serie zur nächsten Episode. Bei einem Film funktioniert dieser Befehl nicht.*
- „Alexa, spule [Zahl] Minuten vor."

- „Alexa, springe [Zahl] Minute zurück."
- „Alexa, gehe zur Startseite."
- „Alexa, öffne Netflix."
- „Alexa, öffne Youtube."
- „Alexa, öffne Silk."
- „Alexa, öffne Firefox."
- „Alexa, öffne [Name der Mediathek].
- „Alexa, öffne die ZDF Mediathek auf meinem Fire TV."

Sofern Sie eine Überwachungskamera unter Alexa eingebunden haben, lässt sich nun auch das von der erzeugten Kamera Foto direkt auf dem Fire TV Gerät anzeigen.

- „Alexa, zeige die Kamera [Name der Kamera]."

Alexa und Hörbücher

Eine wirklich interessante Funktion ist das gezielte Hören von **Hörbüchern**. Dazu greift Alexa auf digitale Hörbücher von Audible zu.

Hier sind die wichtigsten Sprachbefehle:

- „Alexa, lies [Titel].“
- „Alexa, lese [Titel] vor.“
- „Alexa, spiele [Hörbuchtitel] ab.“
- „Alexa, spiele das Hörbuch [Titel] ab.“
- „Alexa, [Titel] über Audible abspielen.“
- „Alexa, Hörbuch über Audible abspielen.“
- „Alexa, Pause“
- „Alexa, mein Hörbuch fortsetzen.“
- „Alexa, gehe vorwärts / zurück.“ - Hinweis: *Das Hörbuch 30 Sekunden vor- oder zurückspulen*
- „Alexa, nächstes / vorheriges Kapitel.“ Hinweis: *Zum nächsten oder vorherigen Kapitel wechseln*
- „Alexa, gehe zu Kapitel [Zahl].“
- „Alexa, Neustart.“

- „Alexa, stelle einen Sleeptimer für [Zahl] Minuten / Stunden." – Hinweis: *Sleeptimer einrichten oder neu starten*
- „Alexa, höre in [Anzahl] Minuten auf, das Buch vorzulesen."
- „Alexa, beende den Sleeptimer."

Alexa und Spiele

Wie wäre es mit einem Spiel? Auch hier hat Alexa einige interessante Informationen zu bieten.

Hier sind die wichtigsten Sprachbefehle:

- „Alexa, Schere, Stein, Papier."
- „Alexa, wirf eine Münze."
- „Alexa, wirf einen Würfel."
- „Alexa, Kopf oder Zahl?"
- „Alexa, verrat mir die Lottozahlen."
- „Alexa, Sprich mir nach [Text]."
- „Alexa, „wähle eine Spielkarte!"
- „Alexa, Schnick, Schnack, Schnuck."
- „Alexa, hast du ein gutes Palindrom?"
- „Alexa, was hilft gegen Langeweile im Auto?"
- „Alexa, erzähle mir ein Rätsel!"

Alexa im Smaltalk

Wie wäre es mit etwas Konservation? Amazons Sprachassistent bietet hierzu einige interessante Antworten.

Hier sind die wichtigsten Sprachbefehle:

- „Alexa, High Five!"
- „Alexa, Danke!"
- „Alexa, wo sind meine Schlüssel?"
- „Alexa, wie geht es dir?"
- „Alexa, was machst Du heute?"
- „Alexa hast du Geburtstag?"
- „Alexa, kannst du rappen?"
- „Alexa, überrasche mich!"
- „Alexa, was soll ich anziehen?"
- „Alexa, kannst du beatboxen?"
- „Alexa, kannst du mich umarmen?"
- „Alexa, lach mal."
- „Alexa, gib mir 5."
- „Alexa, starte!"

Alexa und coole Sprüche

Wie wäre es mit einem coolen Ausspruch. Auch hier hat Alexa einiges auf Lager!

Hier sind die wichtigsten Sprachbefehle:

- „Alexa, du bist cool?“
- „Alexa, wer ist der Boss?”
- „Alexa, du bist sexy?“
- „Alexa, ich muss aufs Klo“!
- „Alexa, kannst du Autofahren?”
- „Alexa, alles Roger in Kambodscha?“
- „Alexa, alles prima in Lima?“
- „Alexa, alles cool in Kabul?“
- „Alexa, deine Mudda!”
- „Alexa, ich habe Männerschnupfen“
- „Alexa, sag was Dreckiges!“
- „Alexa, sag was Schmutziges!“
- „Alexa, hol mir ein Bier!“
- „Alexa, ich bin ein Berliner!“
- „Alexa, warum ist es am Rhein so schön?“

- „Alexa, ist es sicher?
- „Alexa, warum hast du keine Haare?“
- „Alexa, ist es nachts kälter als draußen?“
- „Alexa, Wie hoch ist dein IQ?“
- „Alexa, wen wählst Du?“
- „Alexa, alles fit im Schritt?“
- „Alexa, hast du mal Feuer?“
- „Alexa, gib mir ein schlechtes Wortspiel.“
- „Alexa, rappe für mich!“

Alexa und Lustiges

Echter Humor aus der Cloud. Nicht nur Menschen sind lustig. Alexa ist der beste Beweis, dass auch Computer humorvoll und spaßig sind!

Hier sind die wichtigsten Sprachbefehle:

- „Alexa, sag etwas.”
- „Alexa, erzähl einen Zungenbrecher!“
- „Alexa, gib mir unnützes Wissen.“
- „Alexa, Test 1 2 3”
- „Alexa, sag was Lustiges!”
- „Alexa, erzähl einen Flachwitz!“
- “Alexa, erzähle (mir) einen Witz!”
- „Alexa, erzähl einen Fußballwitz!“
- „Alexa, gib mir einen Fußball-Spruch.“
- „Alexa, jodel mal.”
- „Alexa, hast Du meine E-Mail bekommen?“
- „Alexa, deine Mutter ist ein Hamster.“
- „Alexa, mach mir ein Sandwich.“
- „Alexa, Du bist gefeuert!“
- „Alexa, du bist entlassen!“

- „Alexa, kannst Du singen?“
- „Alexa, Klopf, Klopf.”
- „Alexa: Mach den Abwasch!“
- „Alexa, party time!“
- „Alexa bist du ein Vampir?“
- „Alexa, warum ist die Banane krumm?“
- „Alexa, Palim Palim“
- „Alexa, wie alt bin ich?“
- „Alexa, wo hat der Frosch die Locken?“
- „Alexa, keine Panik!“
- „Alexa, erzähle einen Vaterwitz?“
- „Alexa, erzähl mir einen Letzte-Worte-Witz.“
- „Alexa, erzähl mir einen Zombie-Witz.“
- „Alexa, Lautstärke 11.“
- „Alexa, lach mal.“
- „Alexa, erzähle einen Computerwitz.“
- „Alexa, erzähl mir einen Antiwitz.“
- „Alexa, kannst du Flöte spielen?“
- „Alexa, erzähl einen Ärztewitz.“
- „Alexa, was ist dein Lieblingswitz?“

Alexa und Tiefgründiges

Bei einem Glas Rotwein kann es auch einmal tiefgründig mit Alexa werden. Versuchen Sie es!

Hier sind die wichtigsten Sprachbefehle:

- „Alexa, was ist der Sinn des Lebens?“
- „Alexa, sein oder nicht sein.“
- „Alexa, bist Du tot?“
- „Alexa, bist Du glücklich?“
- „Alexa, bist Du intelligent?“
- „Alexa, bist Du schlau?“
- „Alexa, was ist die einsamste Zahl?“
- „Alexa, glaubst du an Gott?”
- „Alexa, kennst Du ein Gedicht?”
- „Alexa, was ist das Beste im Leben?”
- „Alexa, erzähl mir eine Lüge.“
- „Alexa, rate mal!“
- „Alexa, Sag mir die Wahrheit.”
- „Alexa, hast du Gefühle?”
- „Alexa, willst du mein Freund sein?”
- „Alexa, an was denkst du gerade?“

- „Alexa, du musst noch viel lernen!“
- „Alexa, hast du mal Feuer?“
- „Alexa, kannst du rückwärts sprechen?“
- „Alexa, was war zuerst da? Ei oder Huhn?“
- „Alexa, was sind deine Vorsätze für das neue Jahr?“
- „Alexa, wozu ist Krieg gut?“
- „Alexa, rate“ – Hinweis: Alexa errät den nächsten Befehl!
- „Alexa, öffne meinen Glückskeks.“
- „Alexa, wer ist dein weibliches Vorbild?“
- „Alexa, wie sehe ich heute aus?“

Alexa und Kinder

Selbstverständlich ist Alexa auch für die jüngsten Nutzer da und bietet einige lustige Sprüche für den Nachwuchs.

Hier sind die wichtigsten Sprachbefehle:

- „Alexa, möchtest Du einen Schneemann bauen?"
- „Alexa, wo kommen Babys her?"
- „Alexa, gibt es den Weihnachtsmann?"
- „Alexa, wo wohnt der Weihnachtsmann?"
- „Alexa, kennst du den Weihnachtsmann?"
- „Alexa, woher kommt der Osterhase?"
- „Alexa, gibt es den Nikolaus?"
- „Alexa, wer ist die Schönste im ganzen Land?"
- „Alexa, erzähle einen Kinderwitz"

Weitere Easter Eggs

Wem es immer noch nicht reicht. Alexa legt ständig nach und bringt neue Easter Eggs heraus. Mit diesen Sprachbefehl werden Easter Eggs frei Haus geliefert.

- „Alexa, gib mir ein Easter Egg.“

oder

- „Alexa, hast Du neue Fähigkeiten?“

Alexa und die Literatur

Natürlich kennt sich Alexa bestens in der modernen Literatur aus. Stelle Alexa einfach auf die Probe.

Hier sind die wichtigsten Sprachbefehle:

- „Alexa, erzähle ein Karnevalsgedicht?“
- „Alexa, supercalifragilisticexpialigetisch.“
- „Alexa, was ist dein Lieblingsbuch?“
- „Alexa, lass dein Haar herunter?“
- „Alexa, erzähle ein Gedicht?“
- „Alexa, warum hast Du so große Ohren?“
- „Alexa, Sein oder Nichtsein?“
- „Wer hat von meinem Tellerchen gegessen?“
- „Wer hat aus meinem Becherchen getrunken?“
- „Wer hat in meinem Bettchen geschlafen?“
- „Alexa, Romeo, Romeo, warum bist du Romeo.“
- „Alexa, Spieglein Spieglein an der Wand, wer ist die Schönste im ganzen Land?“

Alexa und die besten Skills

Natürlich dürfen an dieser Stelle nicht die Sprachbefehle von ausgesuchten Skills fehlen. Diese bilden mit weltweit rund 15.000 Skills wohl den größten Teil der Sprachbefehle von Alexa. Allerdings möchten wir uns an dieser Stelle nur auf einzelne Skills beschränken.

Zur Installation eines Skills via Sprachbefehl sind folgende Kommandos relevant:

- „Alexa, aktiviere [Name des Skills].“
- „Alexa, starte Skill [Name des Skills].“

Ein Deaktivieren der jeweiligen Skill per Sprachbefehl ist ebenfalls möglich:

- „Alexa, deaktiviere [Name des Skills].“

Unser Tipp: Einen Überblick über die besten Alexa Skills: die 99 besten Alexa-Skills

- „Alexa, was ist der Skill der Woche?“

Sprachkommandos werben für Skills

Amazon hat natürlich auch diverse Sprachbefehle installiert, hinter denen sich ausgesuchte Skills verbergen. Mit dem entsprechenden Kommando wird die Neugier des Nutzers angeregt. Hier einige Beispiele. So gelangen Sie jeweils zu den unterschiedlichen Skills. Probieren Sie es selbst aus:

- „Alexa, bring mir was bei."
- „Alexa, lies meine Gedanken."
- „Alexa, öffne das Spukhaus."
- „Alexa, begrüß meine Gäste." (Skill Empfangsdame)
- „Alexa, sag mir das Fernsehprogramm für heute Abend." (Skill Fernsehprogramm)

Sonos Skill

Lange hat die Fangemeinschaft darauf gewartet, dass die eigenen Sonos-Lautsprecher mit Hilfe des Sprachassistenten Alexa angesteuert werden können. Nun wurde der passende Sonos-Skill veröffentlicht.

Mittels Alexa-Sprachbefehl lässt sich nun die Lautstärke der Musikwiedergabe steuern. Folgende Befehle stehen zur Auswahl:

- „Alexa, mach lauter in [Raum]."
- „Alexa, mach leiser in [Raum]."
- „Alexa, leiser / lauter in [Raum]."
- „Alexa, Lautstärke auf [Zahl] in [Raum]." *– Hinweis: Stufen 0 bis 10*
- „Alexa, Lautstärke auf [Prozentzahl] in [Raum]." *– Hinweis: 0 bis 100 %*
- „Alexa, Ton aus in [Raum]."
- „Alexa, Ton ein in [Raum]."

Zudem existieren noch einige allgemeine Befehle, um die Musikwiedergabe auf Sonos über Alexa zu steuern:

- „Alexa, Pause."
- „Alexa, stopp."
- „Alexa, überspringen."
- „Alexa, [Song/Titel] überspringen."

- „Alexa, was läuft in [Raum]?“
- „Alexa, nächster [Song/Titel].“
- „Alexa, vorheriger [Song/Titel].“
- Alexa, Wiedergabe fortsetzen in [Raum].“
- „Alexa, Wiedergabe [anhalten/beenden/fortsetzen] in [Raum].“
- „Alexa, Musik [anhalten/beenden/fortsetzen] in [Raum].“
- „Alexa, [überspringen/nächster] Titel in [Raum].“
- „Alexa, [nächsten/vorherigen Song/Titel] abspielen in [Raum].“

Philips Hue Skill

Längst hat sich das **Philips Lichtsystem Hue** zur gängigsten Smarthome-Lösung in Sachen Licht entwickelt. Dies liegt in erster Linie an der flexiblen Handhabung des Systems per App sowie der einfachen Integration in die normale Wohnumgebung. Besonders interessant erscheint auch die Möglichkeit, das Licht in den eigenen vier Wänden per Sprachbefehl zu steuern. Dabei beschränkt sich die Steuerung nicht nur auf das einfache Ein- und Ausschalten des Lichts. Vielmehr bietet die Kombination von Philips Hue und Alexa einige interessante Möglichkeiten.

Dabei sind die Schaltmöglichkeiten des Lichts via Sprachbefehl vielschichtig:

- „Alexa, schalte [Lampe] an."
- „Alexa, schalte [Lampe] aus."
- „Alexa, schalte Licht an."
- „Alexa, Licht an."
- „Alexa, Licht aus."

Schaltung von Szenen

Das Hue-Lichtsystem von Philips bietet zur Lichtgestaltung von Räumen vorgegebene Farbpaletten, sogenannte Szenen. Diese tauchen dann den jeweiligen Raum in ein spezielles Licht. Hierbei bietet das System standardmäßig einige Szenen (beispielsweise Entspannen, Konzentration, Aktivieren, Nordlichter, Nachtlicht) an. Der Nutzer kann aber auch eigene Szenen über die Hue-App definieren. Alle verfügbaren Szenen lassen sich per Sprachbefehl aufrufen. Dazu müssen jeweils der Name der Szene und der betreffende Raum genannt werden.

Folgende Auswahl an Kommandos stehen zur Verfügung:

- „Alexa, schalte [Szene] im [Raum] an."
- „Alexa, schalte [Nordlichter] im [Arbeitszimmer] an."

Licht in einzelnen Räumen schalten

Mit den folgenden Sprachbefehlen können Sie das Licht in einem Raum schalten, ohne dabei die einzelnen Lichtmittel zu betätigen. Dazu muss nur der betreffende Raum genannt werden. Zudem kann auch die Helligkeit beeinflusst werden. Einen Raum können Sie über die Hue-App definieren oder alternativ unter der Alexa-App eine Gruppe bilden und einzelne Geräte / Lampen hinzufügen.

Folgende Auswahl an Kommandos stehen zur Verfügung:

- „Alexa, schalte [Raum] an."
- „Alexa, schalte [Raum] aus."
- „Alexa, schalte die Lampen [Raum] ein."
- „Alexa, schalte die [Küche] an."

- „Alexa, schalte die Helligkeit in [Raum] auf [Prozent].“
- „Alexa, schalte die Helligkeit im [Arbeitszimmer] auf [90 Prozent].“
- „Alexa, dimme das Licht in [Raum].“

Farbsteuerung des Lichtes

Bei den Philips Hue Lampen hat der Nutzer die Wahl zwischen weißem Licht (Philips Hue White) und farbigem Licht (Philips Hue White & Color). Bei allen Lampen kann der Anwender die gewünschte Farbtemperatur via Sprachbefehl steuern. Bei der jeweiligen farbigen Variante der Lampen kann zusätzlich auch die gewünschte Farbe beeinflusst werden.

Folgende Auswahl an Kommandos stehen zur Verfügung:

- „Alexa, schalte das Licht in [Raum] auf [Farbe].“
- „Alexa, schalte das Licht in der Küche auf Orange."
- „Alexa, schalte das Licht im [Raum] auf Tageslicht."
- „Alexa, mache das Licht im [Raum] wärmer."
- „Alexa, mache das Licht im [Raum] kälter."

Einschlafgeräusche Skill

Viele Menschen leiden unter Schlafproblemen, die über einen längeren Zeitraum ein echtes Problem darstellen. Häufig sind es jedoch nur Kleinigkeiten, die ein schnelles Einschlafen verhindern. Ein wirksames Mittel sind gleichförmige Geräusche. Das gleichmäßige Meeresrauschen oder das Geräusch eines gleichförmigen Landregens sorgen für **Entspannung und Ruhe**.

Was früher mühselig mit einer speziellen CD oder Kassette im Schlafzimmer eingespielt wurde, übernimmt nun Alexa. Diese Geräusche sind auch bestens für die eigene Entspannung oder Meditation geeignet. Auch kleine Kinder schlafen mit Hilfe dieser Geräuschkulisse deutlich besser ein. Diese aktuelle Einschlafgeräusche Skill ist wirklich zu empfehlen.

Dabei existieren mehrere Sprachbefehle, um das passende Geräusch zum schnellen Einschlafen zu finden:

- „Alexa, starte Einschlafgeräusche." – Hinweis: *Es werde verschiedene Infos angeboten*
- „Alexa, hilf mir beim Einschlafen." – Hinweis: *Es werde verschiedene Infos angeboten*
- „Alexa, frage Einschlafgeräusche nach einer Liste" – Hinweis: *Aufzählung der Geräusche*
- „Alexa, frage Einschlafgeräusche nach [Geräusch]."

- „Alexa, spiele [Geräusch] von Einschlafgeräusche.“

Folgende Geräusche sind aktuell verfügbar:

- *Bach, Dusche, entferntes Gewitter, Feuerstelle, Flugzeug, Frösche, Geschirrspüler, Gewitter, Haartrockner, Herbstlaub, Heuschrecken, Katze, Ozeanwellen, Raumplattform, rosa Rauschen, braunes Rauschen, weißes Rauschen, Regen, Regen auf einem Blechdach, Regen auf einem Zelt, Regenwald, Stadt, Uhr, Vakuum, Ventilator, Vögel, Wal, Wäschetrockner, Wind, windige Bäume, windige Wiese, Windspiele, Zug und zufällige Wiedergabe*

Wer dann aufgrund der Geräuschkulisse dann endlich eingeschlafen ist, kann mittels Sleeptimer das Geräusch auch zeitlich begrenzen. Folgende Sprachbefehle sind dafür bestens geeignet.

- „Alexa, spiele [Geräusch] von Einschlafgeräusche.“
- „Alexa, stopp(e) in [Zahl] Minute(n) / Stunde(n).”
- „Alexa, stopp(e) die Wiedergabe in [Zahl] Minuten.“

Neue Sprachbefehle notieren

Weitere Titel und Angebote

An dieser Stelle haben wir einige Produkte zusammengestellt, die andere Käufer ebenfalls für interessant hielten.

Amazon Echo 2019 – der inoffizielle Ratgeber: Die besten Tipps zu ihrem Sprachassistenten. Alexa, Echo, Echo Dot, Skills und Smart Home

Ein Sprachassistent, der fast jedes Sprachkommando verarbeitet, sich einer künstlichen Intelligenz bedient und stetig erweitert werden kann, kannte man bisher nur aus Science-Fiction Filmen. Mit Alexa hat Amazon diesen Traum zur Marktreife gebracht. Alexa als übergreifendes System, dass cloudbasiert und geräteunabhängig funktioniert, damit ist Amazon ein echter „Wurf“ gelungen.

Mit der Kombination aus der Sprachsoftware Alexa und dem Lautsprecher Echo präsentiert Amazon erstmals eine autarke Lösung, die unabhängig von einem Computer funktioniert. Mit dieser Verknüpfung hat das Unternehmen die Messlatte für die Konkurrenz deutlich höher gelegt. Zumal Alexa bereits nach kurzer Markteinführung erstaunliche Ergebnisse abliefert. Hier ist der dazu passende Ratgeber.

Amazon Echo 2019 – der inoffizielle Ratgeber: Die besten Tipps zu ihrem Sprachassistenten. Alexa, Echo, Echo Dot, Skills und Smart Home

ASIN (eBook): **B07L3ZQD1C**
Hinweis: Jetzt auch als Taschenbuch ISBN: **1791735002**

Fire TV Stick 4K – der inoffizielle Ratgeber: Die besten Tricks beim Streaming: Installation, Alexa, Apps, Musik, Games. Inkl. 333 Alexa-Kommandos

Mit dem neuen Fire TV Stick 4K ist Amazon ein echter Wurf gelungen. Zu einem wirklich günstigen Preis bietet der Streaming-Stick beste Qualität beim Streaming. Im Vergleich zum Vorgängermodell legt der neue Stick deutlich bei der Leistung zu und muss den Vergleich mit vergleichbaren Lösungen nicht scheuen. Erstmals bietet ein mobiler Stick somit Filme und Serien in bester Ultra HD-Qualität (4K). Zudem werden High Dynamic Range (HDR), Dolby Vision und Dolby Atmos unterstützt.

ASIN (ebook): **B07KRSFGG2**
Hinweis: Jetzt auch als Taschenbuch ISBN: **1790860807**

Smart Home mit Alexa: Steuern Sie ihr Smart Home mit Ihrer Stimme. Alexa sorgt für ein intelligentes Heim

In vielen Medien stößt man auf den Begriff Smart Home. Doch was steckt hinter diesem Modebegriff? Wir verstehen darunter das sprachgestützte Steuern von Prozessen im heimischen Umfeld. So lassen sich heute Lichtquellen schalten, die Temperaturen in den eigenen vier Wänden steuern oder der Wohnraum überwachen. Natürlich gehört dazu auch die Steuerung von einem multimedialen Erlebnis aus Musik, Video und Licht.

Dabei ist es nicht immer einfach für den normalen Anwender, sich eine Smart Home Lösung auf der Basis von Alexa aufzubauen. Eine übergreifende Dokumentation gibt es nicht. An dieser Stelle soll das vorliegende Buch einen praxisnahen Leitfaden bieten.

ASIN (eBook): **B077TP4GCN**

Die 99 besten Alexa Skills: Die besten Erweiterungen für die Kommunikation mit Alexa – Wissen aus der Cloud

Amazons Alexa scheint aktuell das Maß aller Dinge zu sein, wenn es um einen sprachgesteuerten Assistenten geht. Dabei weist das System bereits zum jetzigen Zeitraum eine Fülle an Sprachbefehlen auf, die unterschiedlichste Themenbereiche abdecken. Dabei ist die Sprachfähigkeit von Alexa wirklich überzeugend. Bereits bei Lieferung zeigt Alexa auf den unterstützten Geräten beachtliche Ergebnisse.

Doch der Sprachassistent geht noch einen Schritt weiter. Um die vielfältigen Möglichkeiten von Alexa weiter auszuschöpfen, haben die Macher Alexa als offenes System konzipiert. Jeder Programmierer, der sich dazu befähigt sieht, kann über eine frei zugängliche Schnittstelle eigene Anwendungen für Alexa entwickeln und diese unter Amazon veröffentlichen. Das Ergebnis sind sogenannte Skills. Die hier vorgestellten Skills sind die eigentlichen Highlights bei Amazon und sollten auf jedem Alexa-Account zu finden sein. Natürlich ist dies eine rein subjektive Einschätzung der vorgestellten Skills. Dennoch bietet diese Sammlung von Skills zumindest einen ersten Anhaltspunkt für die persönliche Erweiterung von Alexa.

Die 99 besten Alexa Skills: Die besten Erweiterungen für die Kommunikation mit Alexa – Wissen aus der Cloud

ASIN (eBook): **B07P9VR15S**

Die 444 besten Easter Eggs von Alexa: Lustigste und tiefsinnige Antworten des Sprachassistenten – Humor aus der Cloud

Was haben eigentlich *Easter Eggs* (Ostereier) mit Alexa zu tun? Ähnlich wie bei Ostereiern, sind auch digitale Easter Eggs (lustige Gags, lustige Bemerkungen, witzige Zitate) im Inneren eines Systems versteckt. Man muss Sie suchen und entdecken. Jeder Anwender kennt sie von Google oder aus den unterschiedlichsten Computerprogrammen. Bei Alexa gibt es nur eine witzige Antwort zu entdecken.

Dabei ist es äußerst erstaunlich, mit wie viel Humor und Tiefgründigkeit der intelligente Sprachassistent daherkommt. Immer wieder stolpert der Anwender über durchaus witzige Antworten. Es ist es wirklich bemerkenswert, wie die Macher dem virtuellen Sprachassistenten so viel Menschliches einhauchen konnten. Auch wenn der Titel keinen tieferen Sinn verspürt, so macht es doch sehr viel Spaß, die Fähigkeiten und die damit verbundene Schlagfähigkeit des Sprachsystems zu ergründen.

Die 444 besten Easter Eggs von Alexa: Lustigste und tiefsinnige Antworten des Sprachassistenten – Humor aus der Cloud

ASIN (eBook): **B07583GZVV**
Hinweis: Jetzt auch als Taschenbuch – ISBN **197347848X**

Virtual Reality - die digitale Welt wird zur Wirklichkeit: Augmented Reality, VR-Brillen, Cardboards, Cyberspace

Lange Jahre erschien Virtual Reality nur als ein Hirngespinst. Entsprechende Lösungen konnte der staunende Fan meist nur auf Messen bewundern. Dahinter steckt eine für den normalen Anwender nicht zu bezahlende Technik. Doch nun scheint VR auch für den Hausgebrauch Wirklichkeit zu werden.

Angefangen bei der Unterhaltung, über medizinische Lösungen bis hin zum Thema Cybersex haben die kommenden Lösungen das Zeug dazu, eine neuartige Mensch-Maschine-Schnittstelle zu schaffen.

Virtual Reality - die digitale Welt wird zur Wirklichkeit: Augmented Reality, VR-Brillen, Cardboards, Cyberspace

ASIN (eBook): **B01DCRG4K2**

Wie hat Ihnen dieses Buch gefallen?

Unser kleines Team von Spezialisten ist bereits seit 1993 als Redaktionsbüro für die unterschiedlichsten Medien tätig. Bereits zu Beginn der Arbeit gehörte die Veröffentlichung von diversen Fachbüchern dazu.

Daher werden wir diesen Titel weiterhin pflegen und erweitern. Wir freuen uns über Ihre Meinung. Schreiben Sie uns an ebookguide@t-online.de oder an ebook@ebookblog.de mit dem Betreff „555 Sprachbefehle von Alexa".

Unser Tipp: Beachten Sie bitte unseren Update-Service für diesen Titel!

Hinweis in eigener Sache, Rechtliches, Impressum

Vielen Dank

Wilfred Lindo

Internet: http://www.streamingz.de

Twitter: http://www.twitter.com/ebookguide

Facebook: https://www.facebook.com/streamingz.de

NEU: Die Seite zu smarten Lösungen:
www.smartwatchz.de

Herausgegeben von:

ebookblog.de / ebookguide.de

Redaktionsbüro Lindo

Dipl. Kom. Wilfred Lindo

12349 Berlin

E-Book-Produktion und -Distribution

Redaktionsbüro Lindo

Scan mich! Weitere Ratgeber, die ebenfalls für Sie interessant sind!

Aktuelles zum Titel

Eine Besonderheit dieses eBooks ist die regelmäßige Weiterentwicklung. Mit neuen Updates bei den verschiedenen Plattformen kommen auch neue Funktionen und Anwendungen auf Sie zu. Daher erhalten Sie in regelmäßigen Abständen zu diesem Buchtitel ebenfalls entsprechende Updates.

Dabei existieren einige Grundvoraussetzungen, um stets in den Genuss der aktuellsten Version des vorliegenden eBooks zu kommen. Diese Bedingungen sind allerdings bei jeder Angebotsplattform verschieden:

Amazon: Über die sogenannte *Buchaktualisierung* lassen sich Updates, die der betreffende Autor von seinem Titel eingespielt hat, automatisch über das Kindle-System einspielen. Um in den Genuss dieses Updates zu kommen, müssen Sie allerdings über Ihr Kindle-Konto die *Buchaktualisierung* einschalten. Sie ist standardmäßig nicht aktiv.

Webseite: Wir informieren Sie über unsere Webseite über aktuelle Updates unserer Titel.

Update-Service

Beachten Sie bitte unseren **Update-Service** für diesen Titel!

Bildnachweis

Bilder, die nicht gesondert aufgeführt werden, unterliegen dem Copyright des Autors.

Historie

Aktuelle Version 1.026

46026366R00063

Printed in Poland
by Amazon Fulfillment
Poland Sp. z o.o., Wrocław